Inhalt

Die Umsetzung von Basel II schreitet voran (Juni 2004)

Kernthesen

Beitrag

Fallbeispiele

Weiterführende Literatur

Impressum

Die Umsetzung von Basel II schreitet voran (Juni 2004)

M.Floßmann

Kernthesen

- Die unter dem Namen Basel II bekannten neuen internationalen Eigenkapitalrichtlinien für Banken werden nunmehr Ende 2006 in Kraft treten.
- Mit den von der Bundesanstalt für Finanzdienstleistungsaufsicht (BaFin) erlassenen Mindestanforderungen an das Kreditgeschäft (MaK) erfolgt noch in diesem Jahr ein wesentlicher Schritt zur Umsetzung eines bankaufsichtsrechtlichen Überprüfungsprozesses gemäß den Anforderungen von Basel II.

- Die Beschlüsse zu Basel II haben keine unmittelbare rechtliche Konsequenz, vielmehr hat jedes Land über die Einführung bzw. nationale gesetzliche Umsetzung selbst zu entscheiden.
- Für die Europäische Union ist davon auszugehen, dass Basel II im Rahmen einer EU-Richtlinie in europäisches Recht umgesetzt wird und somit für die Mitgliedsstaaten entsprechende Wirkung entfaltet.

Beitrag

Nach nunmehr fünfjährigen Verhandlungen haben sich die Bankaufsichtsbehörden und Notenbanken der wichtigsten Industrieländer Anfang Mai 2004 auf eine Neuregelung der Eigenkapitalvorschriften für Banken verständigt. Das neue, ca. 200 Seiten starke Regelwerk, soll noch im Juni 2004 veröffentlicht werden.

Erarbeitet wurden die neuen Eigenkapitalvorschriften vom sogenannten Baseler Ausschuss für Bankenaufsicht, welcher bei der Bank für Internationalen Zahlungsausgleich (BIZ) angesiedelt ist.

Wenngleich die BIZ als "Zentralinstitut aller Notenbanken" angesehen werden kann, erlangen die neuen Eigenkapitalvorschriften nicht automatisch Rechtskraft. Vielmehr ist das Regelwerk jeweils separat als nationale Rechtsnorm umzusetzen.

Welche Neuerungen ergeben sich durch Basel II ?

Kernpunkt der neuen Eigenkapitalvorschriften ist eine künftig am Kreditrisiko orientierte Eigenkapitalunterlegung der Banken.
Galt bislang (mit einigen Ausnahmen) eine Eigenkapitalunterlegung von pauschal 8 Prozent der Kreditforderungen, ergibt sich die Höhe der Eigenkapitalunterlegung für Kredite künftig im wesentlichen nach dem Rating des Kreditnehmers, der Finanzierungsart sowie der Kreditlaufzeit.

Die damit verbundene Notwendigkeit eines generellen Ratingverfahrens im Kreditgeschäft zu international weitgehend vergleichbaren Parametern hat die Verhandlungen so schwierig gestaltet.

Darüber hinaus zielen die Regelungen auf die Implementierung einer qualitativen Bankenaufsicht sowie höherer Transparenzanforderungen an die

Banken ab.

Allgemein wird erwartet, dass gerade im Retailgeschäft tätige Banken durch die neuen Regeln entlastet werden.

Wie ist der weitere Zeitplan der Umsetzung ?

Der nun verabschiedete Rahmenvertrag sieht eine zeitlich gestaffelte Umsetzung der künftig anwendbaren Ratingverfahren der Banken im Kreditgeschäft vor.
Die Einführung des vereinfachten internen Ratingansatzes, welcher auf der Bestimmung von pauschalen Ausfallwahrscheinlichkeiten beruht und auf den die meisten Kreditinstitute in Deutschland zurückgreifen wollen, ist ab Ende 2006 möglich.

Der fortgeschrittene interne Ratingansatz, welcher durch die nationale Aufsichtsbehörde zu genehmigen ist, kann gemäß Zeitplan ab Ende 2007 eingesetzt werden. Vor Einführung des fortgeschrittenen Ratingansatzes ist jedoch eine weitere Auswirkungsstudie hinsichtlich der sich ergebenden Veränderungen im Eigenkapitalerfordernis der Banken geplant. [8]

Voraussetzung für die Einführung ist eine ein- bzw. zweijährige Vorbereitungsphase, während der sowohl die bisherigen Regeln als auch die neuen Vorschriften abzubilden sind. Gleichzeitig wird die aus den neuen Regeln möglicherweise resultierende Eigenkapitalersparnis anfänglich begrenzt.

Es ist sicherlich davon auszugehen, dass das Regelwerk bis zur ersten Einführung Ende 2006 noch Änderungen bzw. Modifizierungen, auch in der Umsetzung in nationales Recht erfährt. So bemängelt der deutsche Sparkassenverband beispielsweise konkret, dass Staats- und Interbankenforderungen nicht aus dem internen Rating-Ansatz herausgenommen wurden, obwohl gerade für solche Adressen regelmäßig externe Ratings vorliegen. Ob der geforderte "Partial Use-Ansatz", wonach Teile des Kreditportfolios mit dem jeweils adäquaten Ratingansatz bewertet werden, seitens der Europäischen Union im Gesetzgebungsverfahren aufgegriffen wird, bleibt abzuwarten. (9)

Mindestanforderungen an das Kreditgeschäft

Der Teilbereich "qualitative Bankenaufsicht" des

Baseler Regelwerks wurde von der Bundesanstalt für Finanzdienstleistungsaufsicht (BaFin) in Teilen bereits durch die Ende 2002 erlassenen Mindestanforderungen an das Kreditgeschäft (MaK) vorweggenommen. Die Umsetzung der MaK wird ab Mitte 2004 von der BaFin anhand von Sonderprüfungen überwacht.

Für die Kreditinstitute ergeben sich durch die MaK zum Teil erhebliche organisatorische Auswirkungen wie beispielsweise:
- Trennung von Markt und Marktfolge im Kreditentscheidungsprozess und teilweise auch in der vertraglichen Umsetzung
- Festlegung und Dokumentation einer Kreditrisikostrategie
- Kreditrisikocontrolling inklusive regelmäßiger Risikoberichterstattung
- Prozessgestaltung für die Bearbeitung von Problemkrediten etc. (3)

Offene Punkte

- Die Forderung nach einem "Partial Use-Ansatz" dürfte bei Umsetzung in nationales bzw. europäisches Recht nochmals auf den Prüfstand kommen.
- Ergebnis der Auswirkungsstudie zum

fortgeschrittenen IRB-Ansatz bleibt abzuwarten.
- Erfolgt eine flächendeckende und fristgerechte Umsetzung der MaK?

Fallbeispiele

Das Beratungsunternehmen PricewaterhouseCoopers (PwC) kommt in einer von der Europäischen Kommission in Auftrag gegebenen Studie zu dem Ergebnis, dass die neuen Eigenkapitalregeln die Kreditinstitute langfristig entlasten und sich in geringem Umfang positiv auf das Wirtschaftswachstum auswirken. (5)

Einer der wesentlichen Kritikpunkte an Basel II ist die vermutete prozyklische Wirkung auf die Konjunktur. Im Gegensatz zur bisherigen Regelung orientiert sich die Eigenkapitalunterlegung der Kreditinstitute an Risikogehalt und Bonitätsstruktur des Kreditportfolios. Da sich dies in konjunkturell schwierigen Zeiten analog der Ertragslage der Kreditnehmer tendenziell verschlechtert, wird die Kreditvergabe eingeschränkt, was den konjunkturellen Abschwung unterstützt. (7)

Mit den MaK ist - weitgehend unbemerkt - bereits eine der drei Säulen des Baseler Akkords (Basel II) hierzulande in Teilen umgesetzt bzw. vorweggenommen. So lehnen sich die am 20.12.2002 veröffentlichten MaK z. B. hinsichtlich der Implementierung und Dokumentation einer Kreditrisikostrategie konkret an die "Principles for the Management of Credit Risk" des Baseler Ausschusses an. (2)

Einer aktuellen Umfrage von PricewaterhouseCoopers zufolge gehen zwar alle befragten Banken von einer fristgerechten Umsetzung der MaK aus, gleichwohl haben bislang aber erst 2 Prozent das Regelwerk vollständig umgesetzt. 47 Prozent geben den Umsetzungsgrad mit weniger als 75 Prozent an. (1)

Weiterführende Literatur

(1) MaK-Umsetzung - Durchaus individuelle Lösungsansätze
aus Zeitschrift für das gesamte Kreditwesen Nr. 05 vom 01.03.2004 Seite 242

(2) Mindestanforderungen an das Kreditgeschäft Wege und Instrumente für eine effiziente Kreditrisikostrategie
aus Betriebswirtschaftliche Blätter, April 2004, Nr. 04,

S. 156

(3) Umfrage bei Banken: MaK bislang nur selten vollständig umgesetzt
aus Die Bank, Heft 04/2004, S. 270-273

(4) "Die Basel-II-Regeln müssen ständig weiterentwickelt werden"
aus Frankfurter Allgemeine Zeitung, 27.04.2004, Nr. 98, S. 13

(5) Basel II reduziert Kapitalbedarf der EU-Banken Studie für Kommission rechnet mit kleinem Wachstumsimpuls
aus Financial Times Deutschland vom 29.04.2004, Seite 19

(6) Einigung nach fünf Jahren - Neue Eigenkapitalregeln treten Ende 2006 in Kraft - Kreditvergabe läuft anders Durchbruch für Basel II
aus Die Welt, Jg. 59, 13.05.2004, Nr. 111, S. 10

(7) Einecke, Helga, Neue Banken-Regeln vor Abschluß, SZ Süddeutsche Zeitung, 11.05.2004, Ausgabe Deutschland, S. 19
aus Die Welt, Jg. 59, 13.05.2004, Nr. 111, S. 10

(8) Getrübte Freude über Baseler Einigung Bankenverbände begrüßen Planungssicherheit - Deutliche Kritik an verschärften Kapitalanforderungen
aus Börsen-Zeitung, 13.05.2004, Nummer 92, Seite 5

(9) DSGV begrüßt Einigung über Basel II, sieht aber nur Teilerfolg Der Weg ist frei für die neuen Eigenkapitalregeln
aus Die SparkassenZeitung, 14.05.2004, Nr. 20, S. 1

Impressum

Die Umsetzung von Basel II schreitet voran (Juni 2004)

Bibliografische Information der deutschen Nationalbibliothek

Die Deutsche Nationalbibliothek verzeichnet diese Publikation in der deutschen Nationalbibliografie; detaillierte bibliografische Daten sind im Internet über http://dnb.d-nb.de abrufbar.

ISBN: 978-3-7379-0548-0

© 2015 GBI-Genios Deutsche Wirtschaftsdatenbank GmbH, Freischützstraße 96, 81927 München, www.genios.de

Alle Rechte vorbehalten. Dieses Werk ist einschließlich aller seiner Teile – z.B. Texte, Tabellen und Grafiken - urheberrechtlich geschützt. Jede Verwertung außerhalb der Grenzen des Urheberrechtsgesetzes bedarf der vorherigen Zustimmung des Verlags. Dies gilt insbesondere auch für auszugsweise Nachdrucke, fotomechanische Vervielfältigungen (Fotokopie/Mikroskopie), Übersetzungen, Auswertungen durch Datenbanken oder ähnliche Einrichtungen und die Einspeicherung und Verarbeitung in elektronischen Systemen.